SOCIÉTÉ DES AMIS DES ARTS

DE LYON.

EXPOSITION

DE 1836.

LYON. G. ROSSARY, IMPRIMEUR,
Rue St-Dominique, n. 1.

EXPLICATION

DES

OUVRAGES DE PEINTURE,

SCULPTURE, DESSIN, GRAVURE, ETC.

FAISANT PARTIE

DE L'EXPOSITION

De la Société des Amis des Arts

de Lyon,

EN 1836.

PRIX : 50 CENTIMES.

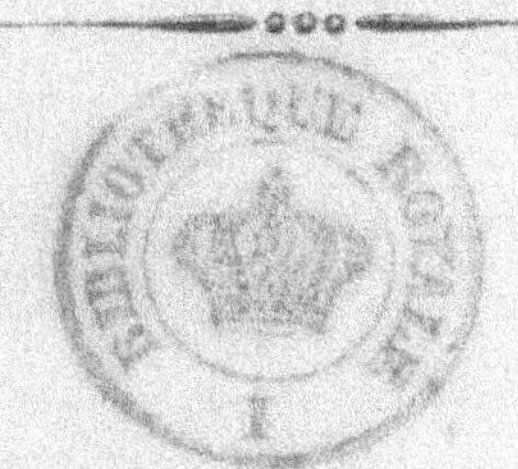

SE TROUVE

CHEZ LE CONCIERGE DU PALAIS-ST-PIERRE

A LYON.

AVIS.

—

L'Exposition est ouverte au public le mardi, le jeudi, le samedi et le dimanche de 11 à 3 heures.

Le mercredi et le vendredi sont réservés aux membres titulaires ; ces jours-là on n'entre à l'exposition qu'en présentant une carte d'admission signée du président et du secrétaire de la Société. Chaque membre titulaire a droit à une carte d'entrée.

On devient membre titulaire en souscrivant pour une action de 50 fr., pendant trois ans. On peut se faire inscrire chez le concierge du palais Saint-Pierre.

On trouve chez le concierge des billets d'un franc, qui donnent droit au tirage des objets acquis par la Société à l'Exposition de cette année.

EXPLICATION

DES

OUVRAGES DE PEINTURE,

SCULPTURE, DESSIN, GRAVURE, ETC.

ABRIOU (DE GRENOBLE),

Galerie de l'Argue, escalier J, à Lyon.

1 Portrait.

ACHARD (DE GRENOBLE),

Chez M. Guindrand.

2. Une Rue dans l'intérieur du Caire (Égypte).
3. Vue des environs du Caire; soleil couchant.
4. Vue prise aux environs de St-Marcelin.

ALBERT-DURADE (d'),

Rue de l'Évêché, nº 195, à Genève.

5 Une jeune Brodeuse remettant à sa mère le prix de son ouvrage.

ARTAUD (Mme Laurent),

A la Gare de Perrache, maison du Chemin de fer, à Lyon.

6. Portraits des enfants de l'auteur (miniature).
7. La Distraction, d'après Gros-Claude (miniature).
8. Portrait du duc de Buckingham, d'après Vandick (miniature).
9. Tête de femme (miniature).
10. M. le pasteur B.....

B... (de Lyon),

Chez M. Spréafico, négociant, rue Pizay, n° 26, à Lyon.

11. Portrait à l'estompe du prélat espagnol Barela.
12. Portrait à l'estompe de la jeune reine d'Espagne, Marie-Isabelle-Louise.

BERGER (de la Guillotière),

Dessinateur chez M. Yéménitz.

13 Fleurs dans un bassin de fontaine, avec vase et fruits au-dessus.
14 Couronne de fleurs entourant un bouquet de roses.

BERNIER (HIPPOLYTE), DE LA GUILLOTIÈRE.

15 Souvenir de Savoie près de La Chapelle.

BIARD (DE LYON),

16. Une Recette manquée, scène prise dans une baraque des curtins du boulevard du Temple, un jour de pluie.

Ce tableau appartient à MM. Rittner et Goupil, de Paris, qui l'ont mis à l'exposition, contre l'intention de l'auteur.

BLANC (ALPHONSE),

Hôtel de l'Ancien-Gouvernement, à Grenoble (Isère).

17. Vue prise à la Tronche, près Grenoble.

BONIROTE (DE LYON), A ROME.

S'adresser à M. le Directeur de l'École des Beaux-Arts.

18 Un Berger jouant de la flûte.
19 Portrait du Père de l'auteur.

BONNEFOND,

Directeur de l'École des Beaux-Arts, au Palais Saint-Pierre, à Lyon.

20 Vœu à la Madone (scène romaine).
21 Tête de moine.

22 Autre tête de moine.

23 Une jeune Glaneuse italienne.

24 Berger endormi.

BONNET (François),

Rue Neuve des Capucins, n° 12, à Lyon,

25. Intérieur d'une Maison de fermier aux environs de Grenoble.

BOST,

Rue Puits-Gaillot, n° 31, à Lyon.

26 Tableau de fruits.

BOUGRON,

Statuaire à Paris, rue du Faubourg-St-Denis, n° 54.

27. Une Nymphe blessée, figurine en bronze montée sur un carré de marbre (pouding de France).

28 Une épreuve en plâtre, d'un petit modèle, d'après son groupe de Pepin, dans une arène.

29 Une épreuve en plâtre du modèle qui a servi à l'exécution en marbre du Génie du suicide.

BOURRIT (Daniel-Alexis),

Cours Morand, maison St-Olive, aux Brotteaux.

30. Vue prise du fort Saint-André, à Villeneuve, près d'Avignon.
31. Portrait de Mme G.

BRUNE (Mme), née PAGÈS, à Paris.

32. Portrait d'une jeune femme.

CALAME,

Rue de la Pélisserie, n° 133, à Genève.

33 Vue prise à Annecy (Savoie).
34 Vue de Thun, canton de Berne.
35 Vue prise près de Lausanne.

CASTIN,

Place des Carmes, n° 3, à Lyon.

36. Portrait de l'auteur.

CHABANNE,

Peintre en miniature, rue St-Marcel ou place Sathonay, n° 30.

37. Un Cadre contenant six Portraits.

CHANTEREINE (Mme Camille de),

ÉLÈVE DE M. REDOUTÉ.

Rue de la Ville-l'Evêque, n° 10, *à Paris.* — *A Lyon, chez* M. *le doct. Alph. Dupasquier, montée des Carmélites*, n° 11.

38. Fleurs à l'aquarelle.

Mme de Chantereine a obtenu une médaille d'or à l'exposition du Louvre en 1835.

CHAVANNE,

Rue Grenette, n° 56, *à Lyon.*

39. Louis XI et le roi Réné, à Lyon.

En 1473, le roi Réné étant venu à Lyon entamer des négociations avec son neveu Louis XI, roi de France, celui-ci ne négligea rien pour plaire à son oncle; *il le conduisait dans les boutiques et lui faisait présent de belles peintures et de médailles antiques, toutes choses dont René était fort curieux.*

COLIN (a Nimes).

40 Un Tableau. Sujet non indiqué par l'auteur.
41 Idem. Idem.
42 Idem Idem.
43 Idem. Idem.
44 Idem. Idem.
45 Idem. Idem.

46 Baigneuse.

47 Aquarelle.

COLIN (Mme).

48 Aquarelle.

49 Idem.

50 Idem.

COLIN (Mlle Joséphine).

51 Aquarelle.

COLIN (Mlle Héloïse).

52 Aquarelle.

CORNU (Sébastien), de Lyon,

A Paris, rue de Lille, n° 11.

53 Sujet tiré du poème des Amours des Anges de Thomas Moore.

FRAGMENT DU RÉCIT DE L'ANGE.

Le bruit de mes ailes la fit tressaillir comme elle regagnait le bord du petit lac. Jamais je n'oublierai cet aspect, la pudeur, l'innocente surprise de cette figure radieuse, lorsque levant les yeux elle m'aperçut dans les airs..... Ainsi qu'un tournesol sur le bord du ruisseau, elle resta immobile, la tête levée vers moi.

54 Portrait de M. le baron de Prony, pair de France, membre de l'Institut, inspecteur-

général des ponts-et-chaussées, commandeur de l'ordre de la Légion-d'Honneur, etc., etc. — Né à à Chamelet, département du Rhône, en 1755.

55. Portrait de l'auteur.

COUDER (A PARIS).

56. Apelles et Phryné.

Ce tableau appartient à M. Monneret.

CURTET (A LYON),

57. Un Vase de Fleurs, aux trois crayons.

DAUPHIN,

Chez M. Dauphin-Gaillard, quai St-Clair, n° 11, à Lyon.

58. Vue de l'église *la Salute*, sur le grand canal de Venise.

59. Chute d'un bateau à la cascade de Terni (Italie).

60. Une Scène de Jalousie entre des bandits italiens.

DESOMBRAGES,

Place Grolier, n° 1, à Lyon.

61. Vue d'une scie à eau, dans l'Auvergne.

62 Entrée de la rue de la Barre, prise du pont de la Guillotière.

63 Scène d'artistes dans les montagnes de la Suisse.

64 Vue prise à l'entrée du village de Saint-Laurent-du-Pont, près de la Grande-Chartreuse.

65 Vue d'un Moulin, à Sassenage, près Grenoble.

66 Vue prise dans le Valais (Suisse).

DEVERIA (ACHILLE),

Rue Notre-Dame-des-Champs, n° 25, à Paris.

67 Une jenne fille qui se perd en courant après un feu follet.

68 Le Tasse à Ferrare, dans l'hôpital des fous, visité par Montaigne. (Aquarelle)

DEVERIA (EUGÈNE),

Rue Notre-Dame-des-Champs, n° 25, à Paris.

69 Odalisque sur un divan.

Si je n'étais captive, j'aimerais ce pays, etc. (VICTOR HUGO. *La Captive orientale*).

70 Une Laitière des environs de Paris.

DEVILLE (Henry),

Rue des Chanoines, n° 115, à Genève.

71. Deux jeunes Filles.
72. Les petits Soldats.

DIDAY, de Genève.

73 Paysage sur les bords du lac de Thun en Suisse; effet de soleil.
74 Orage sur le lac de Genève.
75 Bateau à vapeur sur le lac de Genève.
76 Paysage du Grimsel, en Suisse.

DRÉE (de),

A Valence (Drôme).

77. Vue du hameau de *Ponte*, situé dans une des vallées voisines du lac de Côme.
78. Un Orage sur une montagne des Alpes (Souvenir).
79. Étude d'après nature.

DUBOIS (Alphonse),

Rue de la Préfecture, n° 1, à Lyon.

80 Projet d'Eglise paroissiale pour une ville de premier ordre. — Plan général — façade

principale et coupe longitudinale, sous le même numéro.

DUBUISSON,

Place Louis XVI, maison Guérin, n° 8 bis, à Lyon.

81 Vue de la Vallée de Hassli (Suisse allemande).

82 Vue prise en Bresse : Passage d'animaux dans un marais.

83 Vue d'un Moulin dans le Dauphiné.

84 Un gros Temps dans les marais de Bresse.

85 Route dans la Bresse.

86 Episode de Montereau, en 1815.

Des blessés français attaqués par des Autrichiens et délivrés par des cuirassiers français.

87 Vue prise près d'Alby en Savoie.

88 Portrait d'une demoiselle.

89 Vue de l'entrée du village d'Unterseen (Suisse allemande).

DUCORNET (C.),

Rue de Lille, n° 11, à Paris.

90. La Perruque, ou les joyeux Amis.

Nota. M. Ducornet, né sans bras, dessine et peint avec un pied.

DUPRÉ (Georges),

Quai Bon-Rencontre, entrée rue Maurico, n° 3, à Lyon.

91. Portrait de Mlle P.
92. Étude de Femme (vue de dos).
93. Une Baigneuse.
94. Étude de Vieillard.
95. Femme convalescente (étude).
96. Étude de Femme.
97. Portrait de l'auteur.

FAIVRE (Louis-Stanislas), de Nancy (Meurthe).

Chez M. le Direct. de l'Ecole des Beaux-Arts, au palais St-Pierre.

98 L'Enfant prodigue.

FINART,

Rue d'Hanovre, n° n, à Paris.

99 Cavalier turc parlant à deux Bédoins.
100 Chasse au Marais.
101 Sujet arabe.
102 Sujet arabe.
103 Paysage avec figures et animaux. (Aquarelle)

FLACHERON (Isidore), a Rome,

A Lyon, chez M. Flacheron, architecte, montée des Carmélites, n° 11.

104 Vue des Montagnes de Cantirano (environs de Rome).

FLANDRIN (AUGUSTE),

A Lyon.

105 Un petit Savoyard.

106 Portrait de M. V.

107 Portrait du docteur B.

108 Deux Portraits à l'estompe sous le même numéro.

FLANDRIN (HIPPOLYTE), A ROME.

109 Euripide composant ses tragédies, dans une grotte de l'île de Salamine

110 Un Berger romain assis au pied d'un olivier, étude d'après nature.

111 Le Dante, conduit par Virgile, visite et console les envieux frappés d'aveuglement.

Toutes les ombres sont vêtues d'un cilice et couchées les unes contre les autres le long d'une étroite corniche de rochers, suivant l'arrêt de la justice divine. Le Dante, qui vient d'interroger un des plus âgés parmi les envieux, écoute sa réponse et le récit de ses fautes.

Noi eravamo al sommo della scala,
Ove secondamente si risega
Lo monte, che salendo altrui dismala.
Ivi così una cornice lega
D'intorno 'l poggio, come la primaja,
Se non che l'arco suo più tosto piega.
. . . .
. . . .

Ma ficca gli occhi per l'aer ben fiso
E vedrai gente innanzi à noi sedersi,
E ciascun e lungo la grotta assiso.
Allora più che prima gli occhi apersi;
Guardami innanzi e vidi ombre con manti
Al color della pietra non diversi

. . . .

. . . .

Di vil ciliccio mi parean coperti
E l' un sofferia l' altro con la spalla,
E tutti dalla ripa eran sofferti.

. . . .

. . . .

Volsimi a loro, ed, o gente sicura,
Incominciai, di veder l' alto lume,
Che 'l disio vostro sola ha in sua cura.

. . . .

. . . .

Tra l' altre vidi un umbra ch' aspettava
In vista; e se volesse alcun dir: come?
Lo mento a guisa d' orbo in su levava.
Spirto, diss' io, che per salir ti dome,
Se tu se' quelli, che mi rispondesti,
Fammiti conto oper luogo, o per nome.

(Dante Alighieri. *Purgatorio*, *canto XIII*).

FONTAINE,

Rue de Bourbon; n° 20, à Lyon.

112. Le Billet du Rendez-vous.

113. Le lieu du Rendez-vous : deux jeunes filles effeuillent une marguerite.

FONTAINE (Benoit),

Rue Ferrandière, n° 24, à Lyon.

114. Deux Cadres gravures sous le même numéro.

Vue du Quai de la Saône en 1774, Vue de la Maison d'Harlincourt, ou les anciennes Portes de Lyon, à Ainay.

115. Etude d'arbres, d'après J.-J. de Boissieu.

116. Quelques Vues du département du Rhône et du département de l'Ain.

FONVILLE,

Rue Ste-Catherine, n° 13, à Lyon.

117. Vue du vieux Pont de Mayres.

Ce tableau appartient à M. Chaume.

118. Vue prise à Vicovaro.

119. Vue prise à Saint-Cyr.

120. Vue prise à Solaise.

121. Vue prise à Sassenage.

Ce tableau appartient à M. Pillet.

122. Vue de la Grotte de la Balme.

FOX,

Rue Gentil, n° 2.

123 Tête de Christ.
124 Une Tête de Vierge.
125 Une Tête de saint Pierre.
126 Arabesque.
127 Tête de Christ.
128 Un Panneau du 16e siècle, représentant Notre-Seigneur chassant les vendeurs du temple.

} Peinture sur verre.

FRAGONARD (Théophile), a Paris.

129 La leçon de chant. — Costumes du temps de la régence.

FRAGONARD Père,

Rue Saint-Lazare. n° 29, à Paris.

130 Monsieur de Châteaubriant surprenant le portrait de François Ier et la correspondance de ce roi avec Françoise de Foix, sa femme.

131 La Esméralda, au moment qui précède son supplice (Victor Hugo, Notre-Dame de Paris). — (Aquarelle).

FRANQUELIN.

132. Scène espagnole.

Ce tableau appartient à M. Velay.

FRATIN, Statuaire,

Rue de la Ville-l'Évêque, n° 12, à Paris.

133 Eléphant femelle d'Afrique, combattant un Lion.

134 Rhinocéros combattant un tigre.

135 Ours d'Amérique, jouant.

136 Zébu et Boucs.

137 Un Cerf du Canada se léchant.

138 Un Singe.

139 Cerf, Biche et petit Faon.

140 Une Chienne boule-dogue.

141 Un Zébu.

142 Un Dogue à la chaîne.

143 Ours combattant des Dogues.

144 Une Chèvre et son Chevreau.

145 Un Loup.

146 Un Sanglier.

147 Rainbaux, étalon anglais.

148 Félix, cheval de course

149 Un cerf aux abois.

150 Lion dévorant un Ane sauvage.

151 Deux Coupes, sous même numéro.

GENOD (A LYON).

152. Sœurs hospitalières donnant des soins à un enfant trouvé, et le faisant allaiter par une chèvre.

153. Une Mère pleurant la mort de son enfant auprès de son berceau vide.

154. Un Tirailleur de la vieille-garde blessé : pendant que sa femme panse sa blessure, un obus éclate auprès d'eux.

GEORGES (LOUIS), DE GENÈVE.

155. Vue prise à Sallenche en Savoie.

GILIO (DE CRÉMONE).

Chez M. Alphonse Sudan, rue Désirée, n° 14. à Lyon.

156. Vue intérieure du Chœur de la cathédrale de Chartres. (aquarelle).

157. Vue intérieure du dôme de Milan.

158. Vue de l'Institut, à Paris. (aquarelle).

159. Vue de l'Église de Saint-Michel à Crémone. (aquarelle).

160. Intérieur de l'Église Saint-Ambroise, à Milan. (aquarelle).

161. Intérieur d'une Église de campagne en France. (aquarelle).

162. Place et Cathédrale de Crémone. (aquarelle).

Cette aquarelle appartient à M. Sudan.

GIRARD.

163. Un Repos d'animaux.

164. Vue d'un village de la Limagne d'Auvergne. (aquarelle).

165. Vue prise dans le département du Puy-de-Dôme. (dessin à la Sepia).

166. Autre vue prise également dans le département du Puy-de-Dôme (dessin à la sepia).

GOUTAY (Michael),

Rue Neuve, à Thiers (Puy-de-Dôme).

167. Vue d'une partie de l'ancien château de Thiers, sur la place du Piroux (marché aux fruits).

GROBON (François-Frédéric),

168. Abel offrant son sacrifice.

169. Portrait de Balthazar de Castiglione. — Copie d'après Raphaël.

170. Jeune Homme vêtu de noir, idem.

GUDIN (Théodore),

à Paris.

171. Un Sauvetage en pleine mer.

GUICHARD (Joseph), de Lyon.

Rue Vanneau, n° 13, à Paris. — A Lyon, chez M. le doct. Alph. Dupasquier, montée des Carmélites, n° 11.

172 Le Meûnier, son Fils et l'Ane (fable de La Fontaine).

. . . .
Messieurs, dit le Meûnier, il faut vous contenter.
L'enfant mit pied à terre, et puis le vieillard monte,
Quand trois filles passant, l'une dit : C'est grand'honte
Qu'il faille voir ainsi clocher ce jeune fils,
Tandis que ce nigaud, comme un évêque assis,
Fait le veau sur son âne, et pense être bien sage.
Il n'est, dit le Meûnier, plus de veaux à mon âge :
Passez votre chemin, la fille, et m'en croyez.
Après maints quolibets coup sur coup renvoyés,
L'homme crut avoir tort, et mit son fils en croupe.

173 Hamlet, Horatio et le Fossoyeur.

LE FOSSOYEUR.

Tenez, voici le crâne d'un corps enterré depuis vingt-trois ans.

HAMLET.

A qui était-il?

LE FOSSOYEUR.

Oh! au plus étrange original..:.. Ce crâne était celui d'Yorick, bouffon du roi.

HAMLET, *prenant le crâne.*

Celui-ci.

LE FOSSOYEUR.

Celui-ci même.

HAMLET.

Hélas! pauvre Yorick. Je l'ai connu, Horatio, c'était le bouffon le plus plaisant; une imagination des plus fécondes. Il m'a tenu entre ses bras mille fois; et maintenant, comme sa vue remplit d'horreur mon imagination, comme mon cœur se soulève! Là furent ses lèvres, que j'ai baisées je ne sais combien de fois. Pauvre Yorick, où sont maintenant vos bons mots, vos folies, vos chansons, vos vives saillies, dont la gaîté faisait rire aux éclats tous les convives? vous ne pouvez pas même à présent rire de la triste grimace que vous me faites là. Plus de joues, ni de bouche! Allez maintenant vous poser sur la toilette d'une de nos belles; dites-lui qu'elle a beau se mettre un pouce de fard, qu'il faut qu'elle en vienne à avoir cette figure. (SHAKESPEARE. *Hamlet, acte IV.*)

GUIAUD (JACQUES),

Rue de Richelieu, n° 92, à Paris.

174. Vue de l'église d'Huy (Belgique). Aquarelle.

175. Vue prise de Sarrebourg (Alsace). Aquar.
176. Vue d'une des portes d'Huy. Idem.

GUIGON (DE GENÈVE).

177. Vue prise sur les bords du lac de Brientz.

GUINDRAND (A LYON),

178 Vue prise à Gonsselin.
179 Un Clair de lune.
180 Vue des environs de Salerne, royaume de Naples.
181 Une Plage du Nord.
182 Vue des Bords de la rivière d'Ain.
Ce tableau appartient à M. Charles.
183. Une Marine : environs de Naples.
Ce tableau appartient à M. Ollat.
184. Une Vue de Suisse.
Ce tableau appartient à M. J.

GUYMET (Mme), A LYON.

185. Judith.

HAUDEBOURT-LESCOT (Mme),

Rue de Larochefoucault, n° 19, à Paris.

186. Le Poète et son Libraire.

HERMANN (Mme), DE PARIS,

Chez M. Hermann, grande rue Mercière, n° 49, à Lyon.

187. Un Groupe de fleurs.

JACOMIN,

Rue Lafont, n° 4, à Lyon.

188. Portrait de l'auteur.
189. Portrait de Mme R.
190 Plusieurs portraits sous le même numéro.

JACQUAND,

Rue de Sarron, n° 12, à Lyon. A Paris, rue de l'Arcade, n° 32.

190 *bis*. Une scène de la Fronde.

Alors grand bruit se faisait entendre dans Paris, alors aussi le meurtre courait les rues de la capitale, et bourgeois, nobles et manans, résistant aux larmes et aux prières des leurs, allaient prendre part à cette sanglante mêlée.

(Histoire des Guerres de la Fronde.)

191. Cinq-Mars à Perpignan.

La conjuration était découverte, dit Alfred de Vigny, le grand-écuyer se fit annoncer chez le roi qui, dans ce moment, était auprès du cardinal de Richelieu; après avoir brisé son épée, il la lui remit et se constitua son prisonnier.

192. Blanche de Bourbon, épouse de Pierre-le-Cruel, roi d'Arragon.

Allez, dit-elle avant de s'emparer de la coupe fatale que lui envoyait son cruel époux, remerciez votre maître, puisqu'il met fin à tous mes maux en m'ouvrant les portes du ciel.

193. Comminge.

Le comte de Comminge, dévoré par une passion profonde, est venu depuis long-temps ensevelir, dans le austérités du couvent de la Trappe, son amour et son éternelle douleur!..... Un jour le glas funèbre retentit fortement; il annonce aux religieux la mort d'un frère.... Le prétendu frère est une femme, c'est Adélaïde, amante du comte de Comminge.

Dans ce tableau, Comminge en voyant descendre le cadavre d'Adélaïde dans sa fosse, s'abandonne au plus violent désespoir et se jette sur le cercueil.

(Ce tableau a été acquis par le gouvernement qui en a fait don à la ville de Rennes.)

JARDINET.

194. Deux Portraits de Femme. Même numéro.

JOHANNOT (C.),

Rue de Larochefoucauld, Chaussée-d'Antin, n° 10, à Paris.

195. Artilleurs manœuvrant une pièce.

196. Un Episode de la campagne de Russie: Napoléon distribnant des récompenses sur le champ de bataille de Valoutina.

Le 20 septembre 1812 au matin, Napoléon parut sur le champ de bataille de Valoutina. Des soldats de Ney et ceux de la division de Gudin, veuve de son général, y étaient encore rangés sur les cadavres de leurs compagnons et ceux des Russes.

Les 12e, 21e, 127e de ligne et le 7e léger reçurent 87 décorations et des grades : c'étaient les régiments de Gudin.

Jusque là le 127e avait marché sans aigle ; l'empereur lui en remit une de ses mains en récompense de sa belle conduite.

Sur la gauche, le porte-drapeau du 127e est reçu aux acclamations de ses camarades.

(Histoire de la Grande Armée par le comte de Ségur.)

JOLY,

Rue Jean-Goujon, n° 6, à Paris.

197. Vue d'une des Portes de la ville de Bergame.

198. Vue d'une des Cascades de Reichenbach (Suisse).

JOLY (Mme).

199. Une Forêt.

KWIATKOUSKY (TH.), POLONAIS,

Chez M. le Directeur de l'École des Beaux-Arts, au Palais-St-Pierre.

200 Enfant jouant avec un chien.

LACROIX (EUGÈNE), À PARIS,

S'adresser à M. le Directeur de l'École des Beaux-Arts, à Lyon.

201. Basilique de Saint-Clément, à Rome.
202. Chapelle de la Passion, peinte par Masaccio, dans la basilique de Saint-Clément à Rome.

LAMBERT,

SOURD ET MUET, ÉLÈVE DE M. THIERRIAT.

203. Un groupe de fleurs dans une corbeille.

LAPITO (LE CHEV.),

Rue Neuve-des-Petits-Champs, n° 69, à Paris.

204 Vue prise à la Baume Sisteron (Basses-Alpes).

LATTEUX (À PARIS),

205. Canal Sainte-Marie-des-Miracles, à Venise. aquarelle.
206. Vue prise dans les environs de Nice.
207. Vue de Papinio, près de la cascade de Terni.
208. Place-aux-Herbes à Lisle (Vaucluse).

LAURE (Jules), de Lyon,

A Paris, rue du Croissant, n° 10. — A Lyon, chez M. Allard, rue St-Pierre, n° 6. Ou chez M. Dubuisson, peintre, place Louis XVI, maison Guérin, n° 8 bis, aux Brotteaux.

209. Les deux Sœurs de charité. (chanson de Béranger).

LAURENT (Mlle Emma), d'Épinal.

210. Clémence Isaure improvisant ses poésies.

LEHMANN (henry),

Rue de Latour-d'Auvergne, n° 6, à Paris.

211. Don Diego, père du Cid, attendant ses fils pour leur lier les mains. (romances espagnoles).

LEMIRE (Mlle Élisa),

Rue de Sorbonne, n° 3, à Paris.

212. Étude de Pivoines. (aquarelle).

LEYMARIE (de Lyon.)

213. Intérieur de la grotte de La Balme.

214. Promenade sur les bords de la Romanche: (trois sepia et une aquarelle sous le même numéro.)

215. Vue de Lausanne, canton de Vaud (Suisse).

216. Vue de la fontaine de Vorage, près de Saint-Rambert (Ain).

217. Vue de l'entrée du hameau de Vorage.

LOUBON (ÉMILE).

218. Vue prise au bord de la Durance (Provence).

219. Aquarelle.

220. Aquarelle.

MARQUET (AIMÉ-BENOIT),

Rue St-Marcel, n° 12, à Lyon. — A Paris, rue du Faubourg-Poissonnière, n° 66.

221. Le Cardinal de Richelieu annonçant à Marie de Médicis son exil hors de France.

« Écoutez-moi, Madame, reprit le Cardinal d'une voix « irritée, je vous ai dit que le Roi et le royaume étaient « las de ces troubles qui nous poussent vers l'abîme; « mais ce n'est pas tout, il faut qu'un de nous deux soit « sacrifié à l'autre. — Est-ce que je dois marcher de pair « avec vous? s'écria la Reine avec hauteur; la fille des « Médicis, la Reine de France, la veuve d'Henri-le-

« Grand, avec un Richelieu !!! — Les temps sont venus,
« répliqua le Cardinal, avec non moins de hauteur. »

(MARIE DE MÉDICIS, par Lothin de Laval.)

222. Portrait de M. A. S.

223. Portrait de Mme A. S.

MARTIGNIER,

Rue Basseville, n° 3, à Lyon.

224. Lettres gothiques.

MERCEY (FRÉDÉRIC),

Rue Royale-St-Honoré, n° 22, à Paris.

225. Vue générale de la ville d'Amiens.

226. Vue de Pecine au soleil couchant.

227. Vue d'un port dans le Tyrol italien.

MONTAGNY,

Rue des Juifs, n° 11, à Paris.

228 Un Cadre de médailles, contenant.

1° La France guidée par son Génie. — Portrait du roi.

2° Passage du St-Bernard, bataille de Marengo.

3° Arc-de-Triomphe de l'Etoile; portrait du roi et de Napoléon.

4° Statue de l'empereur sur la Colonne, couronne, inscription.

5° Tête emblématique pour la Société libre des Beaux-Arts, couronne, inscription.

6° Portrait du roi. — Portrait de la reine.

7° Portrait du maréchal Mortier, inscription.

8° Portrait du même, copié sur le moule en plâtre, coulé peu d'heures après la mort du maréchal, emblème funéraire.

9° La Justice, éclairée par la Vérité, domptant le Génie du mal. — Portrait du roi.

10° Même sujet, inscription.

11° Médailles diverses. — Portrait de Lally-Tolendal.

ORSEL.

229. Le Bien et le Mal.

Petit tableau dans la plinthe.

Un Ange et un Démon se disputent le monde.

Tableau du milieu.

Une jeune Fille étudie le livre de la Sagesse, un Ange arrive et la protège. Sa Sœur foule aux pieds le livre de la Sagesse; le Démon vient aussitôt la tenter.

Petits tableaux à gauche.

Pudeur, mariage, maternité, bonheur.

Petits tableaux à droite.

Libertinage, mépris, angoisse, désespoir.

Tableau du cintre.

Le Christ admet au ciel la jeune Femme protégée par l'Ange; il repousse celle dont le Démon s'est emparé.

Les ornements qui entourent ces divers tableaux, s'y rattachent d'une manière symbolique.

OUVRIÉ (JUSTIN),

Rue du Bouloy, n° 19, à Paris.

230. Vue de Rouen, prise du cours.

231. L'église de Saint-George des Grecs, à Venise. (aquarelle).

232. Vue prise à Rome. (aquarelle).

OYEX (EUGÈNE), DE LYON.

233. Composition de panneaux en boiserie.

234. Composition de tenture gothique. (esquisse).

P. PERLET.

A Lyon, rue de Sèze, n° 4, aux Brotteaux.
A Paris, rue de l'Abbaye, n° 3.

235. Sainte Philomène.

236. Gallus.

Alors vinrent les chevriers ; les bouviers plus lents arrivèrent ensuite; Ménalque, chargé du gland qu'il a cueilli pour l'hiver, accourut tout mouillé; tous demandent : D'où te vient cet amour ! Apollon vint aussi : Gallus, dit-il, pourquoi te livrer à une passion insensée ? Lycoris, objet de ton souci, en a suivi un autre à travers les neiges et au milieu des redoutables camps. Sylvain, la tête couronnée de feuillages, et tenant en main des lys et des tiges fleuries, vint à son tour. Nous vîmes aussi venir Pan, dieu de l'Arcadie, le visage barbouillé de jus d'hièble et de vermillon : Quelle sera, dit-il, la fin de tes regrets ? l'Amour s'en met peu en peine; le cruel Amour ne se rassasie point de larmes, non plus que les prairies d'eau, les abeilles de cytise, et les chèvres de feuillage. (VIRGILE, *églogue X.*)

237. Portraits de M. E. D.

238. Les Maîtres-Chanteurs (aquarelle).

Henri de Ofterdingen ayant fait un pacte avec les puissances infernales, remporte le prix du chant à la cour du landgrave Hermann de Thuringe.

« Il semblait que ses accords frappassent aux portes « d'un empire inconnu et conjurassent les secrets des « intelligences mystérieuses. »

La comtesse Mathilde, entraînée par sa passion, lui donne la couronne destinée au vainqueur.

(HOFFMANN. *Contes fantastiques.*)

J. P. (Mlle),

ÉLÈVE DE M. DIDAY, DE GENÈVE.

239 Paysage suisse.

PERNOT (DE PARIS).

240. Souvenir de Rheuss (aquarelle).

341. Vue du lac Katrine, près l'île de la Dame-du-Lac en Ecosse (aquarelle).

242. Cimetière écossais au milieu des ruines d'une ancienne abbaye (aquarelle).

243. Bords de la Clyde (Ecosse), idem.

244. Vieille Chapelle dans les montagnes des Vosges, — effet de neige -- (lavis).

245. Effet de lune sur les bords d'un lac, en Ecosse (lavis).

246. Vue de la vallée de la Mourg, Forêt-Noire (dessin à la mine de plomb).

247. Habitation à Forback, dans la Forêt-Noire (dessin).

248. Souvenir d'une vieille ville d'Allemagne (dessin).

249. Bords du Rhin entre Coblentz et Mayenne (dessin).

250. Vue de Guernesbach (grand-duché de Bade (dessin).

POLLET (J.), Architecte,

A Lyon.

251. Vue perspective d'une chapelle construite à Champ-Vert, près Lyon, en 1826.

252. Dessin perspectif du château de Chaponost, restauré et décoré en 1834.

253. Vue perspective du château de Saint-Julien, près de Crémieux, depuis sa restauration et la construction de sa façade principale, exécutée en 1834.

254. Eglise de saint Martin de Fontaine, près Lyon, construite en 1836.

255. Chaire de la cathédrale de Saint-Maurice, à Vienne, exécutée en 1833.

PORRET (H.),

Graveur sur bois de l'imprimerie royale.

256 Trois cadres contenant des gravures sur bois, même numéro.

RAVANAT,

Hôtel de l'Ancien Gouvernement, à Grenoble.

257. Vue de Grenoble.

REMY,

Vieille rue du Temple, n° 130, à Paris.

258. Un Intérieur de cour.

RENAUX (JULES),

Ingénieur civil, place Henri IV, n° 45, à Lyon.

259 Nouvelle Théorie des ponts à fermes en tole. Projet d'un pont à établir sur le Rhône, vis-à-vis la rue de l'Attache-des-Bœufs.

RENOUX (A PARIS).

260. Intérieur d'un Cloître près Aberweser.
261. Vue extérieure de la ville et du château de Heidelberg.
262. Vue d'un Souterrain dans le château d'Artembourg.
263. Vue extérieure de l'Église de St-Aventin, près Bagnère-de-Luchon.

REVERCHON,

PROFESSEUR DE DESSIN A L'ÉCOLE VÉTÉRINAIRE.

264. Portrait de M. le Directeur de l'École Vétérinaire.

REY-LAURASSE (DE LYON), A ROME.

S'adresser chez M. le doct. Alph. Dupasquier, montée des Carmélites, n° 11.

265. Catafalque de Léon X, en 1521.

RICHARD (T.),

Rue de la Magdeleine, hôtel de Gery, à Toulouse.

266. Vue prise à Milhau (Aveyron). — Soleil levant.

ROBERT-FLEURY,

Faubourg Montmartre, n° 61. — A Lyon, chez M. le doct. Alph. Dupasquier, montée des Carmélites, n° 11.

267. Henri IV rapporté au Louvre après son assassinat.

Le roi ayant été assassiné rue de la Ferronnerie, le duc d'Epernon fit prendre le corps par des valets de pied et ordonna de le porter au Louvre.

ROUILLET (AMAR.),

A Lyon.

268. Le Moulin abandonné.

RUOLZ (Léopold de),

Rue du Pérat, n° 4, à Lyon.

269 Le Christ sauveur, style byzantin; statue en plâtre : cette figure doit être exécutée en marbre dans la dimension de 6 pieds.

270 Buste d'homme, en marbre.

16 Pochades en terre :

271 La Sainte-Trinité.
272 L'Entrée à Jérusalem.
} Groupes gothiques destinés à être exécutés en ivoire et en vermeil.

273 Quatre esquisses représentant Jacquard.

274 Evircoma et son fils Ogal.
275 Vieux Barde aveugle pleurant son chien.
} Sujets tirés d'Ossian.

276 Une Martyre jetée nue au milieu de l'amphithéâtre, scène historique.

277 Ève repentante.

278 Une Captive.

279 Une Naufragée.

280 Une jeune Fille.

281 La *Religion régénératrice*, projet pour la décoration de fonds baptismaux.

282 La ville de Lyon, projet pour la décoration d'une fontaine :

L'eau jaillissant des deux urnes figurant les deux rivières retomberait dans des vasques de différentes grandeurs. — Les armes de la ville, ses grands hommes, ses ruines antiques, le mûrier, etc.

SAINT-EVE (Emmanuel),

Cours d'Herbouville, n° 8, à Lyon.

283 Tête de saint Paul, gravée d'après un tableau du Pérugin, qui se trouve au Musée de Lyon.

SAINT-GERMAIN (le chevalier de),

Rue des Ponts, n° 42, à Nancy.

284. Chaumière à l'entrée d'un bois, au bord de la Meurthe.

SAINT-JEAN,

A Millery (Rhône).

285. Un Bouquet placé dans une écorce d'arbre et abandonné au courant d'un ruisseau.

286. Fleurs déposées sur le gazon.
Ce Tableau appartient à M. Crozier.

287. Fleurs à l'aquarelle.
Ce dessin appartient à M. le docteur Baumers.

288. Portrait de M. J..., conseiller à la Cour royale.

SAVY,

Architecte, à St-Just, place St-Irénée.

289. Église de St-Priest. { a. Plan. b. Façade.

290. Église sans clocher pour les catholiques de Nyon (Suisse). { a. Plan. b. Façade. c. Coupe transversale. d. Coupe longitudin.

THIERRIAT,

Conservateur du Musée de Lyon, et Professeur de peinture des fleurs à l'École des Beaux-Arts.

291. Gerbe de roses trémières. (dessin à l'aquarelle).
292. Fleurs dans un vase étrusque. (aquarelle).
293. Églantier d'Allemagne, Coquelicots et Pied d'alouettes. (aquarelle rehaussée au crayon).
294. Fruits dans un vase de bronze. (aquarelle).

TRAYER (A PARIS).

295 Un Paysage.
296 Id.

VALENTINI,

Chez M. Palley, rue Basse-Grenette, n° 1[illegible].

297. Portrait de M. Palley.

VERDÉ-DE-LISLE (Mme),

Rue du Quai, n° 1, à Louviers.

298. Henri VIII, roi d'Angleterre, faisant tirer son horoscope par Elizabeth Barton.

VIARD,

Rue de Lafferrière, n° 3, à Paris.

299 Une Forêt vierge.
300 Vue prise près de Paris.

VORT (Adolphe).

301. Un paysage (Suisse allemande).

WIDNT (Mlle Adème), de Bruxelles.

Chez M. Spréafico, négociant, rue Pizay, n° 26.

302. Un Blessé de Juillet.

WOREL (B),

Chez M. Legros, place des Terreaux, n° 3, à Lyon.

303 Plusieurs Portraits à l'estompe sous le même numéro.

SUPPLÉMENT.

THUILIER.

304. Un Moulin.
305. Une Vue du Nord.

PINGRET.

306. Femme de pêcheur.

DUBUISSON.

307. Vue de Pont-en-Royans.

MONNIER.

308. Paysage : effet de soleil couchant.
308 *bis*. Vue des Alpes.

PERROT.

309. Baptistaire de Pise.

MACHERA (FERDINAND),

A Lyon, rue Buisson, n° 10.

310. Portrait de l'Auteur. (pastel et crayon).

310. Portrait de M. P. (aquarelle).
310. Portrait de feu M. Schirmer. (estompe).
310. Etude de femme.

CHABANNE.

311. Portrait de M.

BERGER (N. E.)

312. Fleurs et Fruits.

G. VANDER-BURCH.

313. Paysage.

JOHN COINDÉ (W.)

314. Paysage.
315. Intérieur de ferme.

TISSOT.

316. Le Marchand de marrons.

GROSBON.

317. Dessin d'après Raphaël.

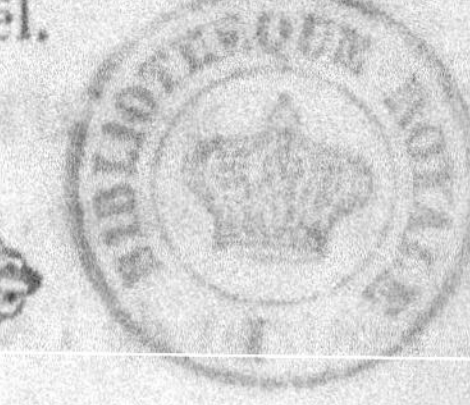

www.ingramcontent.com/pod-product-compliance
Ingram Content Group UK Ltd.
Pitfield, Milton Keynes, MK11 3LW, UK
UKHW022141170726
13837UKWH00004B/1713